_____ 님에게

詩라는 그릇에 담긴 말들이
지상의 어두운 그늘을 밀어내고
따뜻한 동행이 되고자
이 시집을 드립니다

년   월   일

숲속의 울림을 풀다

김찬해 시집

■ 시인의 말

대부분 사람이 생각하고 느끼는 것이
세월이 참 빨리 흘러간다는 것이다

나 또한 이 세상에 알몸으로
무슨 생각을 가지고 태어났는지 모르지만
어느덧 퇴직하고 황혼 열차를 타고 있는 것에
가끔 내 존재를 생각해 볼 때가 있다

내 삶에 있어 이룬 것은 무엇이 있고
또 남긴 것은 무엇이 있으며 남겨 놓을 것은 있는지
자문할 때가…

물질은 세월이 흘러가면 자연히 소멸하고
정신적인 영역을 한 권의 책으로 엮어 어디엔가
남겨 놓고 누군가에게 공감을 주고 얻는다면
새로운 싹으로 태어날 것이라는 영속성을 생각해

내 삶에서 보고 듣고 울림을
하나둘 풀어 한 권을 책으로 엮어 세상의 벗으로
남겨 보자는 의미로 시집을 묶어 보기로 했다

기회가 닿아 울림을 듣는 독자가 제 생각과 다를 수 있으나
한 사람의 흔적을 통해 자신을 한 번이라도
돌아볼 수 있는 계기가 될 수 있다면 보람으로 여길 것이며
시집 출간에 도움 주신 분께 감사드린다

처음 글을 짓도록 꿈을 주신 동부제철 조철형 사장님과
문단 등단을 지도해 주신 엄창섭 교수님, 지은경 박사님
책나라 출판사 관계자 여러분께도 깊은 감사를 드립니다.

2024년 9월
시인 **김찬해**

김찬해 시집 / **숲속의 울림을 풀다**

시인의 말

제1부
돌아보는 길

내 잘못이다 16	회상 27
내가 나에게 18	노인의 말 한마디 28
백수의 월급 20	손편지 29
덕 쌓는 자리 찾아서 가라 21	누가 행복했을까 30
그리운 고향 22	세월을 비껴간 첫사랑 32
당신의 능력을 아는가? 23	짝사랑 34
천지 폭포는 말이 없다 24	문득 스치는 기억 36
어ㅁㅁ 26	

제2부
꿈을 꾸면서

풀꽃 인생	40
노년의 명찰을 달고	42
우리들의 변화	43
새벽을 맞는 사람	44
코스모스의 전언	45
오늘 아침의 외마디	46
언약	48
오월에는	49
세모 속에 동그라미	50
오늘 아침에	52
진정한 보물	53
아스팔트 위 민들레	54
곶감 당신의 매력	55
그대에게	56
의문의 답은	58

제3부
외로움이 깊어지면

이별 속에 기대를　　62	말의 상처는　　72
그래도 힘을 내어야지요　　63	말로 치유해야 한다
월광에 비치는 약봉지　　64	생각을 바꾸어 먹자　　74
그런 사람　　65	여행 가자네　　75
불러줄 때　　66	자연과 자연人　　76
큰소리치지 마라　　68	기쁨과 슬픔도　　78
고향 새　　69	지혜로워야 한다
시너지 효과　　70	사람이 미치는 이유　　79
시인의 붓끝　　71	

제4부
생각의 차이

바라보는 시선　　　　82
사람의 마음 꽃의 마음　83
탁배기 한 잔 받고　　　84
친구들을 봤다　　　　　85
정쟁의 양면　　　　　　86
당신의 생각은　　　　　87
꿈꾸는 화려한 장례식　 88
좋다는 것　　　　　　　89

당신의 소리　　　　　　90
저승길　　　　　　　　 91
내 것 아닌 내 것 아세요　92
제멋에 산다지만　　　　94
단톡방의 인격　　　　　96
인정하라　　　　　　　 98
인간이 얼마나 더러우면　100

제5부
행복으로 가는 길

가을 냄새 104	누구나 안 되는 품격 113
그거 알아 105	부족해야 잘 보이는 행복 114
눈으로 먹는 보약을 나누자 106	벗은 좋으나 친구는 싫다 116
친구가 며느리 본다네! 107	빨대를 뽑아주세요 117
내 삶에 기쁨 108	비 오는 창가에 앉아 118
행복해지려면 109	신념이 피었어요 119
산책길 110	
칠월의 땀 111	
작품 112	

제6부
따뜻함이 있는 배려

어둠의 배려 122	숨은 은혜 130
물과 같아 섞여라 123	생과 사의 경계 131
혼자만의 생각 124	친구의 마음을 받고 132
어제 이야기 125	처서 가을이 오면 134
그림자로 살아야 한다 126	내 마음의 실타래 135
인터넷 127	가끔은 그래 136
눈 오는 날 128	벽차오름 138
강가의 다리 129	

제7부
내려 놓으면 탈이 없다

사람들의 심리	140	울타리 밖 잡초가 장수한다	150
무릎을 꿇어야	141	슬픈 세상의 변화	152
사람의 태도	142	자기를 알아야 지도자가 된다	154
이중인격의 한계	143	억지로 하지 마라	156
노예는 되지 말자	144	탓하지 않는 기상	158
욕심의 민낯	146	타이밍	159
쉽게 살아요	147	누군가	160
내 삶은 언제까지인가	148		

제8부
내리 사랑

사골국	162
어젯밤의 기대	163
오늘 밤 자면	164
나 지금은 그래	166
윗집 아이들	167
외증손녀의 재롱	168
이렇게 좋을 수가	170
세 살 외손녀 해민이	171
외손녀가 왔다	172
사랑해 유민아	174
외손녀와 4일 차	175
출생	176
나는 행복한 사람	177
외손녀와 이별	178
손녀가 보고플 때	179

제1부
돌아보는 길

내 잘못이다
내가 나에게
백수의 월급
덕 쌓는 자리 찾아서 가라
그리운 고향
당신의 능력을 아는가?
천지 폭포는 말이 없다
어ㅁㅁ
회상
노인의 말 한마디
손편지
누가 행복했을까
세월을 비껴간 첫사랑
짝사랑
문득 스치는 기억

내 잘못이다

세월이
이 시점에서 물어본다
당신은 친구 몇을 두었는지

위기가
닥쳤을 때 당장 백만 원 들고
달려올 수 있는 친구

어려움에 부닥쳤을 때
내 편이 되어 헌신적인 도움으로
그 고비를 넘겨줄 친구

대부분
평소에는 그러하다
우리 친구이잖아, 쉽게 하는데

과연 그럴까
가슴에 손을 얹고 물어봐라
물질 위험 앞에서

나누고
불나방이 될 수 있는
친구가 있는지

내가 나에게

오늘
컨디션 상태는
특이 사항은 괜찮은 것이지

남들이 보면
멀쩡해 보이는 나는
항상 위험을 안고 살아간다

그런 나를
누구보다 잘 알고 있으니
관리는 철저히 해라

방심하지 말고
내 심장을 챙기고 사랑해라
주변 사람과도 공유하고

쉽지 않으나
비상약은 챙기며 화내지 말고
긍정적으로 받아들여라

두려워하지도 말고
심장이 아직 뛰고 있으니
사랑의 진료는 잊지 말아라

백수의 월급

시간이
정말 잘 간다
심심하지 않느냐 하지만
나름 바쁘다

그러다
눈 깜짝 한 달이 가지만
백수는 월급이 없고
세금은 내야 한다

백수는
노동의 대가가 아닌
누림의 보상을
해야 한다

그 보상이
억울하면 백수가
되지 말라
백수는

백수를 살 수 있는
준비된 사람이 할 수 있다

덕 쌓는 자리 찾아서 가라

살아가며 축복하고 축복받는
뜻깊은 날 얼마나 있을까 생각해 본다
축복하고 축복받는 것은
마음이 꽃피는 것이다
꽃을 든 손은 더 예뻐 보인다

기쁨을 함께 나누는 자리에서는
전신에 엔도르핀이 도니까 건강도 좋아진다
人이여 각박한 세상이나
마음을 열고 축복하면 신체가 복을 받으니
축하할 일에는 찾아서 가라

눈앞에
잠시 잠깐 이해타산을 타지면
멀지 않아 아 하고 후회할 일 생기니
순수하고 넉넉한 마음의
人의 관계가 좋다.

축하는 물질이 아니어도 좋다
말 한마디 문자 하나도
관계를 이어가는 끈이 된다

그리운 고향

고향이 그리운 것은
그곳에 냄새가 있기 때문이다

가족 냄새, 친구 냄새
동네마다 독특한 그 냄새
냄새를 따라가다 보면 추억이 있고
그곳에 평화로운 풍경이 있다

부모님이 흘린 땀의 결실
친구들과 놀이로 땀 흘린 우정
그 추억이 있는 곳이 고향이라
영원히 잊을 수 없다

고향은 향기로운 맛을 익혀내는
장독대 항아리와 같다
시간이 지날수록 숙성되는 전설
추억으로 전해지는 내 고향이나

부모 형제 이웃이 떠난 자리가
낯설어지는 것이 슬프다

당신의 능력을 아는가?

형체는
사람을 하고 있으나
우리의 내면은
거대한 슈퍼컴퓨터임을 아는가

사람이란 존재는
그 누구도 상상할 수 없는
능력을 창출해서
세상을 바꾸어 오고 있다

2m도 안 되는 키를 가지고
지구의 모든 것을 담아
살아가는 능력을 가지고 있다
상상할 수 없는 데이터

지구상에서 가장 위대한
동물이고 힘과 지혜를 가진 나
나는 과연 얼마나 내 능력을 알고
발휘하고 있나

천지 폭포는 말이 없다

모두가
전율을 느끼며 바라보는
천지 폭포

하나같이
웃고 즐기는 웃음뿐
안타까움 찾을 길 없네!

남강의
주 논개는 적장을 안고
투신하였는데

저 폭포는
무엇이 한스러워
긴 세월 낙하를 하는가?

민족의
영산이라 하나
가는 길 자유롭지 못한 곳

우리는
이곳에서 무엇을 찾아서
가야 하는가?

어ㅁㅁ

이름을 채워주세요
이 세상에서
가장 사랑하는 사람의 이름
그 사람의 이름을 채워주세요
사람마다 다 다른
이름을 갖고 살지만
세계 공통의 이름이 있지요
살아있을 때
삶이 다하는 순간에
빈칸을 채울 수 있는 이름
그 이름을
당신은 오늘 몇 번이나 불러보나요
세상에 태어나
가장 먼저 부른 이름
세상에서 가장 많은 감정을 가진 이름
세상 떠나갈 때
마지막으로 부르고 싶고
보고픈 모습 그 이름은 무엇인가요

회상

지금은
돌아갈 수 없는 시간이지만
그래도 그 시절
사진을 볼 수 있는 것도
감사하고 감사해야 하지 않을까요

세월은
우리에게 교훈을 주고 가는데
우리는 그것이 교훈인지 모르고
지금껏 살지 않았는지

늦게나마
그것이 가르침이었다고 생각할 때
이미 저만큼 스승은 떠나가고
가르쳐 줄 제자가 없어 안타까운가요

어쩌면 홀로 거닐며 지난 시간을
그리워함은 아닐는지요
그래도 잠시 느낄 수 있고 볼 수 있는
시간이 남았으니 챙겨야겠습니다

노인의 말 한마디

나도 어느 사이
육십 중반에 들었는데
어느 노인이 말을 걸어온다.

내가 육십 중반으로
돌아갈 수 있다면 영어 공부도 하고
골프도 배워 보고 싶다고

나는 정년하고
누릴 만큼 누렸다고 이제 편하게
쉬면서 지내겠다고 생각했는데

그 노인은 내 나이에
새로움에 도전해 보겠다는 강한
열망을 불태웠다

아, 내 생각이 잘못되었나?
회초리를 맞은 것 같다는 생각에
다시 한번 내 자신을 돌아본다

손편지

마음이 간절하다
꼭 내 마음 전해지기를 바라며
한 줄 두 줄 쓰다가
삐뚤어지면 다시 쓰던 그 편지
어떻게 전해줄까
망설이다 망설이다가
우체통에 넣고서
소식 오기를 기다리던 그 편지
내 사랑 보내 놓고
돌아올 임 사랑 기다리는
애타게 하는 그 손편지
가다가 잠이 들었나
받지 못한 회신 그 세월 기다리다
반백 년 지나가네!
그 편지의 주인공은
지금 어디서 어떻게 살고 있을까
흘러가고 흘러오는 시간
손 떨림이 소식인가

누가 행복했을까

한여름
무더위 속
그늘나무 아래 노래하며 한철
살다 간 매미의 삶

봄여름
가을 겨울
사계절 몇십 년 살다가는
인간들의 삶

누가
행복했을지
당신께 물어본다면
분명 모르겠다고 할 것입니다

바꾸어 살아보지
않았으니 모르는 것은 당연하나
사람은 혹 남의 삶이 좋다고
생각하지 않았을까?

사람의 속성은
남의 떡이 커 보이니까

세월을 비껴간 첫사랑

살다 보니
잊고 살았던 수십 년 세월
바람처럼 다가오면

콩닥 콩
가슴만 뛰는
꿈이었다 말하겠지!

한때는
절실했던 애틋함이
지배한 첫사랑의 기억

정주행
황혼 열차에서
피 끓던 심장 소리 듣고

못다 핀
꽃 한 송이 되어
가슴에 묻힌 것 알고서

오묘한
마음속 외마디는
한 번 보고 싶다 그 사람

짝사랑

운명이
시작되었다
다가오는 그 사람

삼 미터
눈앞에 있으니
콩닥 콩 장난 심한 심장

한마디
말도 못 하고
어쩔 줄 몰라 애태우는 마음

행여나
들킬까 걱정하면서도
용기를 내어야지

다짐에
다짐한 세월 수십 년 지나도
가슴 뛰는 사랑은

고백이란 용기
중매쟁이를 만나지 못하였음을
때늦어 알았네!

문득 스치는 기억

아련한 그 날

그 애는
내게 상처를 입혔지
고의가 아님을 나도 알지만

내 몸에 상처

오십사 년
세월이 흘렀지만
희미한 흉터로 남아있지

아마도

그 애는
모르고 살고 있겠지만
그러나 난 생각나는 사람

그 애

하굣길
신발을 꺼내려다
발판을 쓰러뜨려 생긴 상처

그 애는 잘 살고 있겠지

제2부
꿈을 꾸면서

풀꽃 인생
노년의 명찰을 달고
우리들의 변화
새벽을 맞는 사람
코스모스의 전언
오늘 아침의 외마디
언약
오월에는
세모 속에 동그라미
오늘 아침에
진정한 보물
아스팔트 위 민들레
곶감 당신의 매력
그대에게
의문의 답은

풀꽃 인생

네 이름이 무엇인가 관심을 가지니
풀꽃이었다

이슬이 세수시켜 주고
햇볕이 수건 되어 닦아주고
바람이 손 되어 인사해 주는 풀꽃

스쳐 지나가는
나그네 발걸음이 음악이 되지만
너를 찾는 나그네 없어도
너는 그렇게 웃고 사는 내 친구다

새벽에 눈을 떠
하늘을 볼 때 눈살을 찌푸려도
난 네가 변함없이 해와 달을 데리고 노는
친구라는 것 안다

풀꽃 너와 나는
세상을 향해 있는 그대로를 내어주고
살아가려는 인생이다

너는 너의 이름 풀꽃으로
난 나의 이름 余林으로 살아보자

노년의 명찰을 달고

한세상 살아가는 과정
정년 후 노년의 삶 시작하는 내가
해야 할 것이 있다면 그것은 단순하다

지금까지 열심히 살기 위해
욕심을 내면서 무리를 했을 수 있었으나
그러나 이제는 욕심을 버려야 한다

앞으로의 삶은
해탈을 하면서 마음과 몸을 가벼이 하고
자신을 다듬는 명상의 삶을 살아야 한다

지금껏 살아온 것 보다
힘들 수 있을 것이나 그리해야 한다.
열심히 살아온 만큼 사람답게 사는 길을

진정 나를 사랑하는 마음으로
인연들과 잘 소통하면서 나눔의 삶
실천하며 살아가자

우리들의 변화

우리에게는
그런 시절이 있었다.
참새 짹짹 종이 울리면
선생님을 따라 걷다가 후다닥
교실로 모여들었다
웅성웅성 회초리 들고 선생님이
오실 때까지는 즐거운
우리의 시간

눈 깜짝
그 시절이 지나
카톡 카톡 하면 친구의 부모님
또는 친구의 부음이 오고
산자는
장례식장으로 모여
꽃단장 단상에 예를 갖추고
하나둘 떠나가는
인연을 배웅한다

벗이여 세월에 무릎 꿇지 말고
당당히 포용해서 떠나가자

새벽을 맞는 사람

주변 사람들 모두가
새벽을 맞는 것은 아니다
무엇인가 목표가 있고 뜻을 이루려는
의지가 있을 때
새벽이란 삶을 받아들인다
눈꺼풀이 무겁고
발걸음이 무거워도 신발 끈을
매는 것은 바로 긍정의
목표 때문이다

남보다 조금 일찍
어쩌면 강제적일 수도 있으나
자신의 의자가 없다면 자리에서
일어날 수가 없다
살아있는 동안
새벽을 잘 맞이하는 사람은
게으르거나 불행한 사람이 없는 것은
새벽길을 걷는 사람은
꿈이 있기 때문이다.

코스모스의 전언

수변 언덕에
청명한 하늘 구름 나그네 따라
고개 돌아가는 코스모스가
노래를 한다

구름아
너와 나는 짝꿍이다
나는 위를 보고 노래를 하고
너는 아래를 보며 호응하니

소슬바람에
허리춤 흥에 겨워 그칠 줄 모르고
뭉게구름 불러 자리를 빛내니
이 얼마나 멋진가!

아 우리는
가을에 만나는 연인
연분홍 붉은 내 모습이 이처럼
환영받으니 이 가을이 좋다

오늘 아침의 외마디

감사로
맞은 아침 눈부심에 좋은 인연
생각하며 웃는다

아득한
그 시절에 함께 놀던 친구야
네가 그리운 아침이다

곧은 소나무 잘라
눈썰매 송곳 만들어 빙판을 달리며
환한 미소 짓던 우리

그 시절
오십여 년이 지났는데
아직 내 마음은 그 기서 놀고 있다

친구야 건강은 어때
건강해라 그래야 너도나도
외롭지 않다

아아~ 흰머리에
그리움은 쌓이지만 행복해지자
우리 손 잡고 가는 날까지

언약

이제 가보지 않았던 길을
가려고 출발선에서 첫걸음 준비합니다
앞으로 그 길에
마냥 행복만 있을 것이라는 생각도
하지 않습니다

다만 어떠한 어려움이 닥쳐와도
굳건하게 서로에게 힘이 되는 삶을 살겠습니다
사랑에 믿음을 보태어 오늘 함께한
내외 하객에게 실망하게 하지 않도록
하겠습니다

새봄의 새싹이 싹을 틔워
잘 성장해서 가을에 풍성한 결실을 보고
겨울 낭만을 즐길 수 있는 아름다운
결혼을 완성하는 집을 짓겠습니다
죽음이 갈라놓는 그날까지

오월에는

말과 같이
쉽지 않겠지만
즐겁고 행복하게 살아봐요
삶이 녹녹하지 않다는 것 알지만
그래도 뭔가 도전해 보면
성취감 있지 않을까요?

오월은
세상이 모두 푸르고
희망차게 보이니까 하고 싶은 것 하면서
가슴을 따뜻하게 하면 분명 좋은 일
당신에게 다가올 것입니다
오월은 꽃이 피어나니까

세모 속에 동그라미

우리 삶은 참으로 다양하다
때로는 세모 또 네모 동그라미
마른 모 사람마다 제각기 그 방법에 따라
다양함이 한없다

조금은 평범하게
그러나 힘들게 사는 사람
그런가 하면 여유롭고 품격 있게 사는 사람
어찌 보면 이것은 각자의 그릇이다

살아보면
세모 속에 동그라미를 넣기는 어려워도
동그라미 속에 세모를 넣기는 쉽다
그 본래의 형태를 유지해 선명하게 하는데

人이여
삶에 모양은 기본적으로 타고 태어나지만
조금씩 줄이고 키워서 합치는 것은
내가 할 수 있는 것이다

살아가며
더하고 빼고 나누고 하는 것은 내 삶이니
항상 세모 속에 동그라미를 넣을 수 있는
지혜를 생각하고 살아가면 어떨까?

오늘 아침에

오래 기억하고 싶은 하루가
살포시 곁에 다가와서 머무른다
따스한 온기의 햇살 피부 맞춤이
건강하다는 것을 대신해 주니 감사하다
여기저기서 앞다투어 예쁜 5월의 꽃소식
전해주고 그들과도 차별 없는 눈 맞춤으로
오늘을 채우기 시작한다
이 모두 아직은 건강하고
생각하고 반응할 수 있기에
가능한 일이 아닌가?
서로의 안부를 묻고 동정을 공유하는
생활의 연결고리 카톡
더러는 성가시다 단절하는 사람도 있으나
톡이 있기에 오늘을
시작하는 사람도 많은 것 같다
인연들이여
오늘 하루도 싱그러운 신록에
예쁜 꽃들과 눈 맞추며 지상 최고의
날이 되기를 희망한다

진정한 보물

자신의 미래를 생각하는 사람은
선인의 삶에서 교훈을 찾는다
무엇이 미래의 보물인지
찾아서 자기만의 생각 개성을 가지고
노력을 한다

人이 사는 동안 두려운 것은
건강을 잃고 외로움에 처하는 것이다
그래서 가장 소중한 보물이
건강과 소통할 수 있는 친구다
이를 잃으면 모두를 잃게 되니까

욕심의 재물은 몸을 상하게 하나
보이지 않는 건강과 외로움을 지키면
살수록 행복을 가져다주는 보물이나
대부분 人은 반대의 삶에 목숨을 건다
人이여 똑바로 보라

돈 많았던 재벌이 오래 살고 있나
가난한 내 아버지가 오래 사시는가?
진정한 보물은 건강을 지키는 것이다

아스팔트 위 민들레

어떻게
살았는지
참으로 궁금하다

어떻게
아스팔트
틈 사이 비집고서

목숨을
이어서 가는지
내 무모함에 아프다

살아서
님 찾기 위해
노란 마음 피우는 너

네 삶의 인연
꼭 살아생전 만나라
노란 민들레야

곶감 당신의 매력

살점을
내어주고
쓰라린 몸을 말려

기어코
내 마음을
가져간 당신 매력

그 느낌
외면 못 함이
외도는 아니지요

아~~
살신공양
내 가슴을 울려요

그대에게

주춤한
장마 속 찜통더위를 안고
생각 없이 길을 나선다

아무런
소득이 없어도 좋고
조금 힘겨워도 좋다는 생각에

동네 주변
스쳐 가는 그대의 부름을 안고
고개를 돌리다 찾았습니다

이글거리는
태양 옆에 희미한 낮달
사라진 그대 모습이다

아 그리워라
빨리 그내가 밝혀줄
그 밤이 오면 찜통에서 벗어나는데

난 오늘 저녁
몸에 흐르는 땀을 씻고
그대를 기다리겠습니다

의문의 답은

人들은
추억을 왜 그리워하고
그 시절로 돌아가면 행복해할까?

짧은 순간에
또는 긴 시간 속에 만들어진
기억의 순간을

人들은
추억으로 기억하고
그것의 위로를 받고 꿈을 먹는다

추억은
머물러 있지도 않고
점점 저 멀리 멀어져 가는데

人들은
그 시간이 널어질수록
추억의 가치를 높여가는 것은

人의 추억은
우리의 시간을 앞서가지 못하기
때문일 것이다

제3부
외로움이 깊어지면

이별 속에 기대를
그래도 힘을 내어야지요
월광에 비치는 약봉지
그런 사람
불러줄 때
큰소리치지 마라
고향 새
시너지 효과
시인의 붓끝
말의 상처는 말로 치유해야 한다
생각을 바꾸어 먹자
여행 가자네
자연과 자연人
기쁨과 슬픔도 지혜로워야 한다
사람이 미치는 이유

이별 속에 기대를

떠나는
당신모습
그 모습 다시 볼까

기대를
하면서도
저무는 노을 앞에

노인의
마음속에는
사사망념 없을까

그래도 힘을 내어야지요

그 누구도
임의 속마음을 모를 거야
나는 그것을 알지요

혹자는 그러지요
임이 일찍 임의 인생 찾아갔다면
다른 방법도 있었을 것이라고

임이 임 인생을
찾았다면 임과 가족은 달라졌을까
궁금하고 후회는 없는지

이것이 임에게
주어진 삶이라고 하더라도
순리로 받아들이고 있는 삶에

힘들어도
소리 내어 울어보지 못하는 마음
그래도 힘내시오, 그날까지

* 시작 노트
 병환의 부모님 모시는 것에 삶을
 올인한 어느 임을 바라보는 시선

월광에 비치는 약봉지

이 밤
청라 호수에 비친
저 달은 누구를 향해 웃나

내 몸속에
비친 달은 그림자에 가려
더듬는 외로움의 길
걷다 보면

어느 순간
밀려오는 가슴 답답한 전율
그 통증

홀로 안고
이겨내며 가야 할 길
언제까지인지 모른 채 약봉지에
우는 마음 뉘 알까

저 월광같이
내 심장을 볼 수 있다면
내 삶이 바뀔까?

그런 사람

욕심이란 것 알면서도 욕심을 부립니다
현역에서 은퇴하고 자유로운 영혼이 되어서
이제는 편안한 사람 만나고 싶습니다
사물을 보면서 대화할 수 있는 깨어 있는 사람
그런 사람을 만나고 싶습니다
바람 소리를 노래로 들을 수 있고
한낮 내리쬐는 햇볕에 라면을 끓일 수 있는
그런 마음을 가진 사람을 만나고 싶습니다
엉뚱한 생각을 해도 노련하게 칭찬해 줄 수 있는

그런 사람을 만나고 싶습니다
가끔은 따뜻하게 어묵 국물을 나누어 마시며
취해볼 수 있는 그런 사람을 만나고 싶습니다
가까운 산책길을 함께 걸으며
옛이야기를 나누고 때로는 마음의 가려움을
해소해 줄 수 있는 그런 사람을 만나고 싶습니다
이제는 그렇습니다
새로움 다름을 인정하며 스트레스받지 않는
그런 시간을 갖고 살고 싶은 마음입니다

불러줄 때

人은 많은 사람을 만나 살지만 그때마다
다 응하기는 어렵다
젊어서는 개인 송사가 바쁘고
나이 들면 더 많은 문제로 어려움이 있지만

젊고 나이와 상관없이 알아야 할 것은
불러줄 때 기다려줄 때 찾아가야 한다는 것이다
이 말이 이해가 가지 않을 수 있으나
분명한 것은

원하지 않아도 상대가 원할 때 찾아가야
환영받을 수 있다는 것이다
불러주고 기다려줄 때 한두 번 회피하면
연락이 끊어진다

나이가 들수록 더더욱 그러하다
사람 관계는 상대가 원할 때 내 행동에 따라
환영받는 기회가 주어진다
물론 역지사지하면 더 좋겠지만

조금은 내가 더 적극적일 때
人의 관계가 돈독해진다는 것 명심해야 한다
나를 기다려주는 사람이 많을수록
행복해진다는 것 알아야 한다

큰소리치지 마라

정년퇴직하면
병원 갈 일 많아 가 보니
예전에 건강했던 사람을 만나고

목욕탕에 가 보니
그 옛날 잘생기고 멋진 사람도
주름 생기는 것 막지 못했다
학창 시절 공부 잘해서
대기업 다녔으나 백수로 놀고 있고

핸드폰에는 손자 손녀 사진
가득 담아 허전한 그리움 벗 삼고
건강한 친구
잘생기고 출세했던 친구
폼 잡고 거들먹거리던 친구

하나같이 얇아진 지갑에
밥 먹자는 소리 사라진 모습
내 일 아니라 어찌 말하겠나?

고향 새

제주도
서귀포에
뭍에서 날아든 새

그 새가
반겨주니
낯설지 않았던 제주

고향 새
둘러앉으니
옛 추억이 술 술술

*시작 노트
七七會 제주 여행에서 제주 살이 하는 친구 만나 좋은 시간 보낸 추억~

시너지 효과

결코
바람은 혼자
불지 않는다

태풍도
혼자서 안 오고
동행자가 있다

따라서
인생에도 어디엔가
동행자가 있다

바르게
살아가다 보면
능력을 배가시키는

인연이
찾아올 것이니
기회를 놓치지 마라

시인의 붓끝

시인은
오감에 생각을 더해서
자식을 낳는다

보면서
들으면서 맡으면서
맛보며 느낌 담아내는 생각을

모음과 자음에
공감 끌어내는 날개옷 입혀
세상에 태어나게 한다

시인의
붓끝은 가장 부드러우면서
맑고 가장 단단하다

때로는 물보다
때로는 칼보다 강한 것은
마음이기 때문이다

말의 상처는 말로 치유해야 한다

人은 한평생 살아가면서
수많은 상처를 받고 살아간다
칼에 베이고 못에 찔리는 그 상처는
시간이 흐르면 아픔의 통증이
사라져간다

때로는 그 상처가 더 단단해져
명예가 되고 나를 지키는 갑옷과 같은
역할도 한다
물리적 상처는 아픔이 있으나
좋은 결과를 낳는 전화위복도 있지만

人이 가지고 있는
자기만의 생각으로 주변에 말과 글로서
주는 상처는 시간이 가면 갈수록
절대 잊히지 않는다는 것을 알고
조심해야 한다

말의 상처는 깊이를 가늠하지 못하니
반드시 진심 어린 말로서 용서받고 용서해서
치유해야 원한을 남기지 않는다
말은 극약도 되고 양약도 되는 것이기에
삼사일언 할 수 있도록 해라

생각을 바꾸어 먹자

억지로 외면하지 말자
내가 믿지 않는 종교라고
무신론자라 하여 타인의 믿음을 부정할
필요 없다

그냥 길을 가다
산을 오르다 믿음이 있는 곳이면
마음만 경건하면 될 것이다
그러면 기본은 될 것이다

내 것이 아니라고
타인의 물건을 함부로 하면 안 되듯
내 마음 아니라고 타인의 마음을
부정하면 되겠는가?

둥근 우주 속에 함께 사는 우리
우주의 솥 밥을 같이 먹고 똥 싸며
살아가니 둥근 마음으로 살면
상처받지 않을 것 같다

여행 가자네

왠지 기분이 좋아진다
무남독녀 외동딸 결혼해서
두 아이의 엄마가 된 그 딸이
아빠랑 단둘이 여행을 가 보자고 한다
정년을 하고 쉬고 있는 내게
격려와 분위기를 바꾸어 주려고
하는 것일까 아무튼 좋다
아빠와 딸이 여행하는 경우는
많은 것 같지 않은데
그 말을 해주니 좋고 가 보고 싶다
두 아이의 엄마
노후를 살아가야 하는 아빠
서로의 속마음을 나누고
이해할 수 있는 좋은
기회가 될 것 같다는 생각과
그날이 기다려진다

자연과 자연人

친구가 넘쳐나면
친구가 귀한 줄 모르고
친구가 없는 사람은
친구가 왜 있어야 하는지 모른다

세상에 피고 지는
자연은 모두 필요한 존재지만
때를 알고 자리 내어주지 못하면
추하게 보인다

새봄의 벚꽃도
그 계절에 맞추어 피었다가
조금 아쉬울 때 져야만 다음에 또
찾게 되고 가치가 빛나지만

자연 속에 人은
좋은 관계일수록 더 오래
함께하며 서로에게 힘 되어 줄 때
볼수록 좋다

특히 친구란 관계는
제2의 가족이라 더욱 그러하다

기쁨과 슬픔도 지혜로워야 한다

살면서
혼자 너무 행복하면
한 번쯤 주변 사람 배려하며 웃어라
살면서
너무 슬픈 일 생기면
조금은 크게 알리며 엉엉 울어라

살다 보면
너무 행복해하면 시기를 받고
슬플 때는
관심으로 위로도 받을 수 있으니
즐겁고 슬픔이 있을 때
지혜롭게 대처해야 한다

행복과 슬픔은 사람이 만드는 것이니
자신의 기쁨은 요란하게 티 내지 말고
타인의 기쁨은 진심으로 축하해주고
자신의 슬픔은 크게 티를 내고
타인의 슬픔은 조용히 감싸 위로해 줄 때
삶의 질 달라질 수 있음을 알아라

사람이 미치는 이유

사람은
왜 미쳐야 하는가?
미쳐야 살 수 있기 때문이다

죽는 것 보다
자신을 되찾고 싶어
또 다른 자기를 찾아 헤매는 것이다

미친 사람은
이미 다른 사람이기 때문에
미친 줄 모르고 행복하다

다만
보는 사람만이 안타까울
뿐이다

미친 사람과
미치지 않은 사람과는
단지 역할만 바뀐 것이다

미쳐 행복하기 전
미치지 않고 행복하게 사는 것은
관심이다

제4부
생각의 차이

바라보는 시선
사람의 마음 꽃의 마음
탁배기 한 잔 받고
친구들을 봤다
정쟁의 양면
당신의 생각은
꿈꾸는 화려한 장례식
좋다는 것
당신의 소리
저승길
내 것 아닌 내 것 아세요
제멋에 산다지만
단톡방의 인격
인정하라
인간이 얼마나 더러우면

바라보는 시선

담쟁이는
모두가 포기할 법한
절벽 앞에서
희망을 품고 하늘을 향해
오르기 시작한다

人이 물에 빠지고 흙에 묻히면
죽는다고 생각할 때
개구리는 물을 향해 뛰어들고
지렁이는 땅속을 향해
파고 들어간다

이는 바로
생존의 절박함 때문이다
살기 위한 희망은 각자가 다르나
사는 방법은 각자의 노력에 있다
포기하지 않는 삶

그 희망의 끈은
바라보는 시선에 따라 다르다

사람의 마음 꽃의 마음

저 화려하게
피었다가 지는 오월의 장미
모두가 온통 붉은 연지 곤지로
빛을 발하니 얼굴도 붉게 웃는다
담장의 장미가

그 곁을 지나는 사람은
너무 예뻐 잠시 시간을 내어 찰칵찰칵
사진을 찍으며 자기 미모를 돋보이게
하려고 노력한다
저 장미의 아름다움과 함께

그러나 어느 날 말라버린 장미꽃
그곳 앞에서 사진을 찍는 사람은 없었다
그리고 함께했던 이웃 장미도
울지 않는다
그들은 그것이 마음이고 순리이기에

탁배기 한 잔 받고

살다 살다 한 백 년 살다
지치고 지쳐지면 나 그렇게 하리
따라주는 탁배기 한 잔 받아먹고
불나방 되었다가

하얀 가루 깊은 잠
요단강 돌무덤 아래 자리 잡고서
청솔 불 밝혀놓고 쫓아 올
임의 등불 되었다가

사공을 만나면
탁배기 취기를 삯으로 건네주고
강바람에 멀어져 가는 인연에
아파하지 말라고 위로한다

아 세상 떠나는 이치는 순서만
다를 뿐이니 웃으며 보내주라고

친구들을 봤다

함부로
친구란 말을 쓰지 말라
친구라는 말을 하기는 쉬워도
참된 친구는 많이 없다

친구란
마음을 서로 이해하고
믿음과 신뢰를 오래도록 지속한
사람이어야 한다

좋은 일에
함께 축하해 주고
슬픔이 있을 때는 위로해 주는
계산하지 않아야 한다

사람마다
성향은 다르지만
보이는 순수함이 없다면
그는 친구가 아니다

정쟁의 양면

역사가 있는 곳에
정쟁이 있는 것은 당연하다
올바른 결론으로 가기 위한 토론이
될 수만 있다면 많을수록 좋은 것이나
잘못된 토론의 정쟁이라면
나라가 위험에 빠지고 민초가 고통받고
힘들게 한다는 것 역사에서 배운 우리
반대를 위한 반대
이러한 것은 동서고금을 막론하고
정치가 있는 곳이면 이어왔다
우리 역사의 치욕
임진왜란의 실마리가 된 것도 정쟁이다
그리고 그 여운은 백 년이 되어가는
지금까지 이어지는 안타까움이 있다
역사의 교훈은 정쟁이 있을 때 차단하고
바르게 살필 수 있는 지도자가 있을 때
나라와 민초의 삶을 달라질 텐데
아, 아쉽고 아쉽다

당신의 생각은

꽃피어
미소 짓는 날
벌은 꿀을 따기 위해
하루 종일 바쁘게 움직여
꿀을 모은다

보통의
사람들은 그러면 말한다
저 벌처럼 부지런해야 한다고
그래 놓고 애써 모은 꿀을
당연한 것처럼 가져간다

어떻게 생각하는가?
부지런히 애써서 모은 것
먹어보지도 못하고
빼앗긴

꿈꾸는 화려한 장례식

한 평의
테이블에 울긋불긋 갖은 음식 꽃으로
차림을 하고 그 가운데
내가 앉아 있다

오늘따라
더 잘생기고 행복한 웃음 지을 때
많은 지인이 소식을 듣고
찾아온다

잘살았나 보다
번개같이 소식을 듣고 가득 메운 장소
기대 저버리지 않는 인연을 맞이하는
나는 너무 행복하다

소주에 맥주
고기에 정갈한 음식 주거니 받거니
함께 하는 만찬이 인연의 정으로
볼 사람 다 보고 가니 좋다

좋다는 것

어느 날 친구가 이야기 한다
자네는 변덕스럽지 않고
배려하는 마음이 깊어서 좋다고
술을 먹어도 짓궂지 않고
실수하는 법도 없다고 한다
욕심이 없는지
작은 것 하나라도 기부하는 모습도
좋아 보인다고 한다
특히
편견 없이 대해주는 모습
그것이 좋아 모임 나올 때 즐겁고
편안함도 있다고 한다
과연 그럴까?
아마 아내가 들으면 반은 맞고
반은 싫어할 말 아닌가?
그러나 친구 만나는데
무슨 이유가 있나 모든 자리
편하고 배려 있으면 그만이지!

당신의 소리

귀 기울여서
당신이 하는 말을
외면하지 않고 잘 들었다
경청은 자유지만 사회생활에서
경청만큼 주요한 것은 없다
때로 동의를 못하더라도 사람의 성장과
발전의 시작은 누군가의 소리로
시작된다는 것 알기에
생각이 달라도 듣고 판단한다
판단은 빠르면 좋으나
때로 신중하기 위해 늦어도
한 걸음 발전할 수 있다면
이 또한 좋은 것이다
사람의 성공 여부는
이해인 만큼 평소 소통을 위한
적극적 자세가 발전을 가져온다

저승길

그곳이
어디인지 알 수는 없다지만
그래도
받아들여야 하는 우리의 운명이니

겁먹지
말아야 한다
조상님도 계시니

어둠이
밀려올 때
살며시 눈 감았다

느낌이
오는 순간 그곳이 저승이고
이승에서 지고 간
업을 풀어서 평가받으면 된다

늦지 않게
나누고 베풀고 가면
무엇이 아깝고 두렵겠나?

내 것 아닌 내 것 아세요

그거 아세요
내 눈은 내가 보는 것만 바라
본다는 것

그것도 아세요
내 입은 내가 먹고 싶은 것만
먹고 맛을 안다는 것

그러나 내 귀 코는
내가 듣고 맡지 않으려 한 것도
듣고 맡는다는 것 알지요

우리는 우연히 알게 된 것을
타인에게 옮겨서 분란을
자초하는 일이 많다는 것이다

내 몸이라 의지대로
다 할 것 같으나 의지만으로
안 된다는 것을 알고

人은 모든 행동에
자신을 통제할 수 있는 인내력
길러야 함을 잊지 마세요

제멋에 산다지만

오랜만에
서울행 대중교통 전철을 탔다

모두가
제멋에 산다고는 하지만

중년의 남성에게는
눈 둘 곳이 마땅히 없다

딸 같고
손녀 같은 아이들의 모습과 행동

입었는지 벗었는지
때로는 고개를 돌려야 한다

찌는 찜통에 아주 강한 향수는
익숙하지 않아 힘들다

아 변하는 세상에
쫓아가지 못해서 미안하지만

아가들아, 역지사지해서
부모의 눈으로 보는 것 무리일까?

단톡방의 인격

내가 너였다면
단톡방에 올라온 글에 공감의 댓글을
한 번씩 달아 주었을 거야
그것은 서로의 소통이 되니까

내가 너였다면
공감의 댓글을 달면서도
상대를 배려하는 글을 올렸을 거야
그것은 존중이 되니까

내가 너였다면
한사람에 집중되는 댓글보다는
여러 명에게 고루 의견을 올렸을 거야
그것은 편견을 버리는 것이니까

내가 너였다면
가급적 긍정적인 글로
분위기를 유쾌하게 이끌었을 거야

그것은 모두를 기분 좋게 하니까

人이여 함께하는 공간일수록
내 인격도 대우받음을 알아야 한다

인정하라

살아보면 때로
가까운 사람이 마음을 몰라줄 때
속상할 때가 있다

내 편이 되어줄
사람이라고 생각했는데 문제 있을 때
편이 되어 주지 않으면

우리는
배신당했다고 생각하고 그로 인해
관계가 멀어지는 계기가 된다

그렇게 믿었는데 발등을 찍다니
그러나 어쩌면 상대방이 발등 찍혔다고
생각할 수 있다

그것은 나 아닌 타인은 언제나
나와 다른 생각을 할 수 있다는 것
인정하지 않으면서 생기는 일이다

우리는 문제가 있을 때 객관적으로
지적해 줄 수 있는 사람을 만날 때
자신을 돌아보고 시정하게 된다

인간이 얼마나 더러우면

삶과 죽음
그 경계가 찰나이고
종이 한 장의 두께도 되지 않는데
어쩜 이리도 다르단 말인가

저 산에 푸른 나무는
생명이 다해 죽게 되면 거름이 되고
산 짐승 산짐승의 집도 되고
영양분도 되는데

만물의 영장이라 자랑하는 인간은
승천원에서 태워 가루가 되고서도
벌레가 생긴다고 진공처리까지 하니
얼마나 더러운 것인가

매일 씻고 향수 뿌리고 갈아입고 해도
사람만큼 더러운 것 없다는 것
살아서 모르는 우리 태워진 가족의
유골을 통해 알아야 하는 슬픔 아는가?

아 죄짓지 말고 청결하게 살자
매일 매일 수양하면서

제5부
행복으로 가는 길

가을 냄새
그거 알아
눈으로 먹는 보약을 나누자
친구가 며느리 본다네!
내 삶에 기쁨
행복해지려면
산책길
칠월의 땀
작품
누구나 안 되는 품격
부족해야 잘 보이는 행복
벗은 좋으나 친구는 싫다
빨대를 뽑아주세요
비 오는 창가에 앉아
신념이 피었어요

가을 냄새

하늘이 푸르게 맛있다
뭉게구름 솜사탕이 냄새를 옮겨주며
가을 人을 부르고 있다
어느새

강 언덕 들길 따라 코스모스도 질세라
얼씨구나 절씨구 어깨춤을 춘다
들판 황금의 벼는 주인에게 맛있는 밥을
안기겠다고 아웅다웅하는 소리도 들린다

농익은
늦더위는 맛 자랑을 위해
청명한 하늘 솥단지에 풍요를 볶아내느라
구슬땀을 흘리는 그 냄새도 좋다

아! 가을
모두가 축복의 맛을 즐기고 있으니
이 얼마나 행복한가, 즐기자
가을의 축재를

그거 알아

세상에는
무수히 많은 일이 일어나고
감동과 놀라움이 있다

그러나
이 모든 것은
내가 살아있어 보고 있기 때문에
알 수 있는 것이니
건강해라
그리고
많은 것을 보고 느껴라

* 시작 노트
76세 할머니와 손자의 공연을 보고

눈으로 먹는 보약을 나누자

자네는 무슨 보약을 먹고 있는가?
그 보약은 누가 해주고
나는 집사람이 이것저것 홍삼도 해 주고
해서 그것을 정기적으로 먹지

그래 입으로만 먹는 보약 효과는 좋은가?
나도 집사람이 챙겨 주지만
보약이라는 것이 특별하지 않은 것 같아
요즈음은 난 눈으로 보약을 많이 먹지

눈으로 그래
친구가 주는 문자 보약이라네
문자를 보면 힘이 되고 강한 의지가 생기니
이보다 좋은 보약이 어디 있나 하지

나이 들수록 잊지 말아야 할 것은
먹는 보약도 주요하지만, 소통의 보약이 좋아
서로에게 마음껏 줄 수 있는 관심의 보약
안부 격려 축하 위로 동참

그 어떤 것보다 값진 보약은
문자 속에 무궁무진하다는 것 잊지 마세요

친구가 며느리 본다네!

풍요의 달
좋은 날 좋은 시간에
(2024. 09. 22. 12시 30분)
배순옥 친구 며느리 본다네!

때가 되면
다 간다는 결혼이
옛말이 된 지금의 시대

약사 아들에
며느리까지 보니
복 받은 친구 아닌가?

벗님들
좋은 인연에 축하도 하고
우리 얼굴 또 봅시다

내 삶에 기쁨

퇴직 후
내가 행복한 것은
내가 할 수 있는 즐거움이
있다는 것이다

어제도
오늘도 세상 밖으로
빛을 보게 하는 시심은
자식과 같고

그 아이를 살펴
가끔 퇴고까지 하고 나면
나그넷길에 토실한 밤을 주어
걸망에 담는 행복이 있다

그 행복은
종종 축복으로 성장하게 하는
최고의 에너지가 되어 삶을
춤추게 하니 좋다

행복해지려면

억지로
특별하게 살지 마세요
힘들어지니까
삶이란
평범하게 살아가는 것이
최고입니다

구태여 주변에
관심 속에 살지 말아요
사생활이 없어지니

행복을
원한다면 튀지도 마세요
그래야 가능합니다
진정한 행복이란
은은하면서 평범하게
책임 있게 사는 것입니다

산책길

강바람
불어오는 언덕에
금계국꽃 섹시 댄스로
눈길을 끌면

수변에
궁금한 고기 떼 폴짝폴짝
앞다투어 뛰어오르며
몰아쉬는 숨에

강변길
숲속 사랑에 빠진 물총새
얼떨결에 날아올라
어리둥절하고

하늘 조각구름
우습다는 둥 손 흔들며
바람에 전한다
세상은 너무 아름답다고

칠월의 땀

이렇게
화끈한가
칠월의 사랑 열기

친근한
애무 손길
온몸을 적셔 내니

황홀함
지나갈수록
사랑 간이 딱 맞네!

작품

멋있다
감탄스럽다
세계의 관문으로 가는 길

정서진
영종대교와 갯벌의 물길
석양 머리

위대한
예술가는 자연이고
바라보는 人의 눈이니

억지로
무엇을 꾸미려 하지 말고
보이는 감동을 품자

하늘 오르는
계단이 없어도 하늘에 가듯
자연의 능력을 믿고

누구나 안 되는 품격

길을 나선다
모처럼 서울로 전철을 타고
수많은 사람과 스치며
각자의 목적지를 향해 가는 길
중년의 신사가 아이 안은 젊은 여성에게
자리를 양보하는 모습
오랜만에 흐뭇한 광경이다
다양한 계층의 사람이 함께 있었는데
굳이 양보하지 않아도 뭐라 할 것
같지는 않았으나
그 한 번의 자리 양보는
여러 사람에게 실행이란 가르침을 주었다
그리고 그 신사에게서 느껴지는
품격이 그를 다시 쳐다보게 한다
사람이 사람답고 존경받는 것은
작은 여유로움, 배려할 줄 아는 마음
품격에 있지 않나 생각하며
여행길이 행복했다

부족해야 잘 보이는 행복

고개 숙여
시름에 찬 나그네야 무엇이 그리도
아쉽고 힘들고 슬퍼하는 것인가
아직 많은 것 가진 사람이

그대는
내가 없는 눈을 가지고
나보다 잘 듣는 귀를 가지고
아직 잘 먹을 수 있는 입이 있는데

그런 그대는
불행하다고 생각하지 마시오
저 화장터에는 그대보다 가진 것 많고
건강했던 사람도 먼 길 가고 있으니

그거 아시오
가진 것이 없을수록 작은 것 하나도
귀하고 행복이 될 수 있다는 것
人이여

욕심이 없을수록 몸이 가볍고
근심 걱정 없어야 두 다리 뻗고 자듯
행복은 결코 가짐으로써 얻는 것이
아님을 알아야 합니다

벗은 좋으나 친구는 싫다

약을 먹는 것은
합리적 도움을 받기 위함이다

정신적 육체적인
문제를 예방하고 문제가 생겼을 때
고통을 완화하고 없애기 위함이다
가끔 인내가 강한 사람은 가까이하는 것을
자제하는 사람도 있으나

대부분 약에 의존하는 경우가 높다

치유를 잘하는 것은
처방에 따라 규정을 잘 지켜서
복용하면 약이 되고
준수하지 못하면 약도 독이 된다
약은 벗으로 좋으나 친구는 되지 말자
특히 노예가 되면 안 된다

약은 분명 이 사회에 필요악이니
오남용에서 벗어나야 한다

빨대를 뽑아주세요

태곳적 신비
이 아름다움을 어찌 알았을까
본능인가
사랑을 주고 그 사랑으로
허기진 배를 채우며 교감하는 사랑
살과 살을 맞대어 주고 빨아들이는 행복
그 자연스러움 속에 사랑을 배우고
그 은혜로움을 갚았던 후예後裔

어쩌다 어느 날 어느 순간부터
주고 빨리는 것에 아픔을 겪어야 하는가?

세상의 환경
삶의 방식 변화에 자생력 잃어버리고
부모만 의지하는 나약함에 휘어진 허리는
노후 걱정에 더 줄어 더는 아픔이다
아 한없이 주고 싶으나 줄 것 없어도
꽂은 빨대 빼지 못하고
저승 가는 길까지 안고 가는 사랑
때 늦어 후회하면 늦습니다.

비 오는 창가에 앉아

장맛비가
세차게 내리니
잠시 걸음도 쉬나 보다

저 멀리
계양산 허리춤 능선부터
구름이 눈을 가리니

마음속
보고 싶은 그리움이
커피 향 따라 여행길에 오른다

아 오늘같이
세찬 비 내리고 구름 낀 날이면
특별하게 생각나는 사람

그 사람은
바로 내 친구요
언제 만나도 좋은 사람이다

신념이 피었어요

겨울
차디찬 그 겨울에도
흙 이불 하나 덮지 않고 수석에 붙어
발 내놓고 인내의 삶 살다
봄 지나 삼복의 더위 찾아오면
달달한 사랑 전한다

참사랑
우정이란 마음의 꽃은
어떤 상황에서도 굴하지 않고서
오직 당신을 위해 마음을
보여주는
풍란꽃

살면서
잊지 말아야 할 것은
인간관계의 사랑과 우정 친분은
환경이 주요한 것 아니라 그저
따뜻한 관심과 곧은
신념이면 됩니다

제6부
따뜻함이 있는 배려

어둠의 배려
물과 같아 섞여라
혼자만의 생각
어제 이야기
그림자로 살아야 한다
인터넷
눈 오는 날
강가의 다리
숨은 은혜
생과 사의 경계
친구의 마음을 받고
처서 가을이 오면
내 마음의 실타래
가끔은 그래
벅차오름

어둠의 배려

차별 없는 당신
오늘도 오십니다
지친 몸 편히 쉬라고

낮을 잠재우는
어둠의 이불 깔면서
몸 눕혀 다독여 줍니다

에너지 충전시켜
내일도 희망에 찬 인생길
행복하게 가라고

물과 같아 섞여라

아무리 내 마음이고
개성이지만
여럿이 있는 카톡 방에서는
차별하지는 말라

특정인 외면하고
특정인만을 챙기는 모습은
속 좁은 사람이라는 것
누군가는 느낀다

숨기고 싶어도
숨기지 못함은 처신에 대한
문제는 없는지 돌아보라

여럿이 있는
카톡 방은 어울림이다
물처럼 섞여서 공감, 축하하고
나누어 공유하는 곳이니

혼자만의 생각

아쉽다
모르는 사람에게도
감사합니다, 고맙습니다, 미안합니다
표현하면 대부분
동일 반응을 하고 실수도
용서를 받을 수 있는데

하물며
보통의 사람보다 깊은 인연임에도
마음 한번 표하지 못하고
외면하는 것을 삼자적 입장에서 볼 때도
너무 아쉽고 안타깝다는 생각이 들어
그 사람을 다시 보게 된다

혼자 살 수 없는 세상
분명 업과 덕이란 것이 있다
사람 관계에서 현재 자신의 모습은
평소 자신이 한 만큼의 모습이라는 것이다
천 냥 빚을 갚을 수 있다는 말
문자 하나 아끼지 말고 살았으면 한다

어제 이야기

친구란 나무에
추억을 심어 놓았더니
우정의 과일이 풍성하게 잘 익어
우리는 어제저녁 맛있게
따 먹을 수 있었다

그 맛
구워서 먹으니 고소하고 구수하고
잘라서 먹으니 참으로 오묘한
그 식감으로
황홀했다

번개란 바구니였으나
각자의 추억과
진짜 같은 농담에 꽃을 피웠던
에너지는 다음을 벌써
기다리게 한다

그림자로 살아야 한다

세상에서 가장 가까우면서
먼 사람의 그림자는 부부다
그 시작은 바로 결혼이고
태양으로 시작되는 자연스러움보다
지게와 지게 작대기
인위적으로 만들어지는 관계다

서로에게 꼭 필요한 존재지만
때로 서로를 불신하면 쓰러지고
다시 일어서지 못하는 불행이 따른다
서로를 의지하고
믿음이 있을 때는 그 무엇보다
보람과 행복도 가져다주지만

신뢰가 무너지는 순간
서로의 존재는 사라지게 된다
부부는
서로의 그림자라는 생각을 가질 때
서로를 지킬 수 있으며 그래야
행복하다는 것 잊어서 안 된다

인터넷

세상의 소리를
순식간에 빠르게 알려준다
덕분에 앉아서 손가락 몇 번이면
세상을 접할 수 있어 좋다

갈수록 너무 빨라
가끔 진짜와 가짜가 뒤섞여 정보의
위험성을 느끼지만 분명 문명의 발달은
인정하자

세계가 이웃이고 하나라고 할 정도로
좋은 만큼 단점도 있으니
접하는 사람이 주의하고 개선해야 한다
무조건적인 신뢰보다는 신중해지자

빠른 정보는 장점이 많으나 단점도 있다
회복할 수 없는 사생활 노출은 더 위험하다
개인 정보 관리에 철저히 하고
나부터 올바른 이용자가 되자

눈 오는 날

해는
중천에 있는 것 같으나
하늘은
먹구름으로 덮고 있다

저 멀리
앞산이 춥다고 소리 내어 우니
하얀 눈이 내려오며
이불 되어 덮는다

아 대단한 자연
그 자연은 어머니 마음과 같아
다 보고 계시다
챙겨주시니

정말
행복한 날이라
나도 좋다

강가의 다리

넓은 강
가로질러
맨발로 서 있는 당신

당신의
희생으로
혜택을 누려 살지만

이 땅의
人들은 알아라
빠른 만큼 잃음도 있다는 것

숨은 은혜

네 이름
심장이라지
네가 멈추면 네 삶이
끝이 나는데도

나는
보이지 않는다고
네 고충 고마움을
잊고 살았다

내 몸이
내 것만이 아닌 것을
살피지 못하고 살았나
때늦어 후회하지 말자

생과 사의 경계

생과 사
그 삶의 경계를
넘어오고 넘어가는 것은
자기 뜻이 아님을 人들은 너무도
잘 알고 있다

그러나
생과 사의 경계에서 살아가는 삶은
오직 내 의지라는 것도
잊어서는 안 된다

의지에 따라
좋은 관계 맺을 수 있을 때
자신을 낮추고 배려하며 살았을 때
사후 이름이 어떻게 남겨질지 결정된다

사람은 혼자 왔다 가지만
이름 석 자는 사람 입에서 수십 년
더 사는 것이니 사는 동안
처신과 행동을 잘하고 살아야 한다

친구의 마음을 받고

아무리
친구라지만
큰 찬조를 또 했구나!
고맙고 미안하네!

재물이
아무리 많아도
마음이 움직이지 않으면
콩 하나도 못 나누는데

친구의
마음 씀씀이가 대단하고
자네 와이프와 관계도
좋음이 간접적으로 빛난다

부부는
경제공동체
자네 마음을 이해 못 해주면
어렵다는 것 알기에

성만 자네의

모든 생활과 능력이

귀감 됨이 흐뭇하다

* 시작 노트
모임 때마다 마음을 더해주는
천안의 어느 친구의 삶을 보며

처서 가을이 오면

열대야 폭염의 신기록 경신 속에
처서가 돌아와 가을을 준비하니
나 찾아가 보련다
굽이굽이 신의터 재 넘어 추억 맡겨둔
화동에 찾아가 보련다

푸른 청포도가 주저리 열려
달콤한 향내 풍겨주는 팔음산 골짜기
차고 넘쳐 아침을 맞는 화동에 찾아가 보련다
옛 친구 고무줄 걸고 교정에 뛰며 웃던
그 아이도 와 있을까

흙먼지 날리고
아버지 어머니 쟁기질에 고시 내 소리
부모님 전설 찾아 친구 찾아가리라
가을꽃 삼백의 고장
벼 누에고치 감 익어가는 그곳

저녁노을 시냇가
희미한 첫 입맞춤의 흔적도 찾아
구름을 타고 돌아보리라

내 마음의 실타래

세상에 태어나서
참 많은 것을 보고 성장했다
그 과정에서
수많은 것을 보고 삶의 지혜를 터득하고
관리한 기억과 감정 생각을
감아 놓은 실타래를 풀어본다

실타래는
처음과 끝을 분명하게 알고 풀어야지
잘못 선택하는 순간 꼬여서
낭패를 볼 수 있다
육십 넘게 살아오면서 감아 놓은
나의 실타래

그동안 감기 위해 노력했으니
이제 역으로 풀어가는 즐거움 느껴보자
꽃을 가꾸는 예쁜 마음으로
내 아름다운 생각 추억의 실타래를
두레박에 걸어
퍼 올리면 기대되지 않는가?

가끔은 그래

가끔은
생각해 본다
나는 너이고 싶다고
내가 네가 될 수 있으면 굳이
너를 사랑하지 않아도 되니까

네 아름다운 모습
네 예쁜 마음이 다 내 것이 되니까

가끔은
그런 생각도 한다
나는 너이고 싶다고
그러면 굳이
네 생각 궁금해하지 않아도 되니까

네 비밀도
내 것이 되어 간직할 수 있으니까

가끔은
꿈을 꾸어보기도 한다
내가 너이고 싶다고
그러면 너와 절절했던 옛 추억에
아파하지 않아도 되니까

벅차오름

의도하지 않았는데
가슴이 어깨가 들썩이는 복받침에
손이 눈을 가로지른다
마음을 움직이는 것은 무엇일까

누가 내게
무어라고 말하지 않았는데
서럽지도 않고 기쁜 모습인데
나 모르는 흐느낌은 공감뿐이다

말이 없어도
함께하지 않아도 바라만 봐도
내 일처럼 깊고 강하게 파고들어
흔드는 공감은

꼭 먹어보지 않아도
어머니의 손맛을 마음을 아는 것과 같다
살아가며 감동이 있는 세상은
온유하고 푸근하다

제7부
내려 놓으면 탈이 없다

사람들의 심리
무릎을 꿇어야
사람의 태도
이중인격의 한계
노예는 되지 말자
욕심의 민낯
쉽게 살아요
내 삶은 언제까지인가
울타리 밖 잡초가 장수한다
슬픈 세상의 변화
자기를 알아야 지도자가 된다
억지로 하지 마라
탓하지 않는 기상
타이밍
누군가

사람들의 심리

보통은 그러하다
가만히 있다가도 상대가 먼저
도발해 오면 지지 않으려 방어한다

상대가
맛있게 음식을 먹으면
나 또한 먹고 싶고 찾게 된다

타인이 무엇을 가지고 있으면
나도 가지고 싶고 더 많은 것을
욕심내게 된다

한마디로 견물생심이다
따라서 우리는 타인의 감정을
건드리는 행동을 자제해야 한다

때로는 그것으로 인해
생각지 않은 화를 불러일으키니
나를 낮추는 겸손이 필요하다

무릎을 꿇어야

낮은 곳을 보려면
무릎을 꿇어야 볼 수 있고
그보다 더 낮은 곳을 보려면 머리를
숙여야 볼 수 있다

높은 곳을 보려면
의자를 놓아야 볼 수 있고
더 높은 곳을 보려면 지붕 위에 올라야
멀리 볼 수 있다.

그러나 너무 높거나 너무 낮게 하면
간극으로 인해 모든 것이 무산된다

세상의 진리는
평범하고 당연하나 때로
人들이 기본적인 상식을 외면할 때
불합리가 발생하고 탈이 생기게 된다

人이여
누구에게나 자존심이 있으나
자존심을 지키는 고집을 세우다 보면
목적을 이룰 수 없음을 알아야 한다

사람의 태도

일 년은 긴 것 같아도
하루는 짧은 것 해지는 저녁이면 알고
영원한 인간관계일 것 같아도
이기심 앞에서는 물거품에 불과하다

꽃은 새싹이 피고 봉오리 맺을 때
예쁘고 기대가 있으나
꽃피고 열흘 지나면 그 추함이 보여
만인으로부터 외면받기 시작한다

세상에서 가장 간사스러운 것이 인간이라
스스로 돌아보고 다듬지 아니하면 그 추함이
사람들로부터 외면받음이니 타인을 빙자한
자기합리화는 속 보이는 행동이다

인간의 삶은 유한한 것이고
인간관계 또한 영원한 것이 아니니
함께할 수 있을 때 함께 하기 위해서는
이중적 태도는 관계 개선을 저해할 뿐이다

이중인격의 한계

사람에게
가장 솔직한 순간은 혼자 있을 때다
혼자 있을 때의 마음으로
人을 만나
세상을 살아가면 탈이 없다

대중 앞에 나서서
자기 속마음을 아무리 포장을 해도
스스로는 속일 수 없다
포장은 찢기는 순간 가치를 잃고 속내가
드러나기 때문에

人이여
살아가며 때로는 솔직함이
손해 볼 수는 있으나 탈이 없으니
포장 없는 마음은 떳떳하고 그 편안함이
이중인격자에게는 두려움이 된다

노예는 되지 말자

나는
언제부터 노예가 되었나
생각해 보면 참 오래된 것 같다

어려서 몰랐던 것 같아도
이미 노예가 되어 있었다
돈을 주면 과자를 준다는 돈의 노예

사람이 편하기 위한 도구가
변질되어 집착이 강하게 되면서
우리도 모르게 노예가 되어 살아왔다

모두가 돈을 신줏단지 모시듯
챙기고 그 힘에 눌려서 살아가니
노예 아닌 노예가 슬프지 아니한가?

한 백 년을 살기 어려운 삶
나이 들수록 돈을 부리는 주인으로
살아가는 지혜를 발휘하자

떠나갈 때
돈이란 주인도 버려야 하는 인생인데
노예의 삶은 비참하지 않겠는지

욕심의 민낯

아무리
씻고 닦아도
주름은 씻을 수 없고

아무리
잡아놓고 싶어도
세월은 잡혀지지 않는데

오늘도
허황된 꿈을 꾸면서
살아가는 사람은

마음속
숨겨진 욕심이란 것을
가지고 있는 것은 아닌지

쉽게 살아요

잠은 충분히 잤나요
세수하고 아침 식사하세요
차 한 잔 마시고 양치하고
개인 업무가 있으면 일 보세요
외출할 때는 단정하게 하시고
주머니 속에 커피값은 꼭 챙겨서
밖에 나가서는 가능한
좋은 것 보고 에너지를 얻어 오세요
무리하지 말고 적당히 즐기다가
돌아오세요
너무 늦지 않는 시간에 돌아와
손발 깨끗이 닦고 가족과 함께
저녁 식사하고 담소 나누며
텔레비전을 보다가 편하게
잠은 깊이 자세요
그래야 내일이 또 즐거우니까

내 삶은 언제까지인가

갑진년 설날
나는 운이 좋은가
아니면 불행했던 것일까

협심증으로
엘리베이터에서
밤늦게 죽음의 문턱 넘어 가다

앞집 사람의
신속한 대처로 병원에
후송되어 다시금 살아났다

항상 위험을 안고
살아가고 있는 몸으로
혼자서 쓰러지기는 처음이다

삶과 죽음
불씨 안고 사는 몸으로
내 삶 어디까지인지 궁금하다

그리고
목숨만큼은 내 뜻
아니라는 것도 실감한 날이다

울타리 밖 잡초가 장수한다

세상의
씨앗은 그 어떤 것을 막론하고
생명을 틔우게 된다

고대 궁궐
귀한 곳에 터를 잡는
귀한 생명으로 태어나는가 하면

척박한 人의 발길
흔적 없는 깊은 계곡 비탈진 능선에
자리 잡고 피는 풀꽃

가장 많고 흔해서
천하고 천한 풀꽃 같지만
종족 번성이 왕성하여 장수한다

좋은 안식처
귀한 대접 보호받고 자란 생명은
자생력이 약하여 단명하기 쉽고

부족한 듯 손길 닿지 않고
자유롭게 자란 풀꽃은 강인하여
생명력이 강하다는 것 잊지 말자

슬픈 세상의 변화

부모님
시묘살이 삼 년
그 옛날은 그랬는데

세상이
변하는 날부터
숨 거두셨다는 말에 잠깐

염할 때
화장할 때
곡소리 몇 번 하고서

당일에
탈상하고 나면
유류분 챙기는 것으로

가족 간
의 상하는 일로
삼 년을 원수로 사는 세상

은혜보다
젯밥에 눈먼
욕심이 먼저인 슬픈 세상

자기를 알아야 지도자가 된다

사람은
자신을 돌아보는 수양이 필요하다
내면의 세계는 부드럽게 하고
겉으로 드러나는 모습은 단단하게 할 때
뜻을 이루는 데 도움이 될 수 있다

자신을 돌아보는 수양에서는
너무 자신만의 세계에 빠지면 아집으로
타협과 소통에 장애가 될 수 있으니
이 또한 경계해야 한다
이는 자신의 적은 자신이 될 수 있음이다

세상의 삶은
부드러운 자신만의 온전한 정신으로
변화를 받아들이고 소통하고 협력하는
능력이 필요하다
자기 생각과 변화를 조율하는 능력

자기 인격이고 인성이 갖추어질 때
세상의 지혜를 통과해 한 걸음 더 성숙해진다

수신제가하기 위해서는
반드시 자신을 점검하는 시간이 필요함을
잊어서는 안 된다

억지로 하지 마라

바람을
잡으려고 뛰어다니지 말라

비를
가두려고 하지 말라

눈을
쌓아 올리려 하지 말라

바람은
잘 지나가도록 하고

비는
잘 흘러가도록 하고

눈은
잘 녹아내리도록 해라

억지로
잡고 가두고 쌓으려 하면

내가
먼저 다쳐야 한다

탓하지 않는 기상

서해의
석양 벗 삼아 하나개해수욕장
절벽에 핀 기상

메마른
암벽에 신념 심고서
끈질기게 살아온 억겁의 세월

그 시련을
백 년도 못사는 인간이
어찌 이해한다 말을 하겠는가

세상은
시시때때로 변하나
변하지 않는 푸른 솔의 기상은

천년을 두고
배우고 또 배워도 모자람 없는데
人은 어디서 무엇을 배우는가?

타이밍

청소하는 사람보고
여기도 저기도 하라고 하면
짜증 나고 싫어한다

살다 보면
가정이나 직장 사람 관계에서
타이밍은 주요하다

자발적인 것과
시켜서 하는 것은 결과가 다르기
때문이다

칭찬도 지도도
때와 장소 분위기에 따른 타이밍을
잘 잡을 때 효과가 배가 된다

특히 성인 관계는
큰 상처가 되는 씨앗이 되니
조심해야 한다

누군가

비밀은
처음부터 만들지 말아야 한다
세상에는
어디선가 나를 지켜보는
눈이 있다는 것
잊지 말아라
내가
뿌린 씨앗이
나 모르게 화근으로
돌아오는 치명적
잘못을 만들 수 있기
때문이다

제8부
내리 사랑

사골국
어젯밤의 기대
오늘 밤 자면
나 지금은 그래
윗집 아이들
외증손녀의 재롱
이렇게 좋을 수가
세 살 외손녀 해민이
외손녀가 왔다
사랑해 유민아
외손녀와 4일 차
출생
나는 행복한 사람
외손녀와 이별
손녀가 보고플 때

사골국

어떻게
그 맛을 알고서
사골국을 좋아할까

여섯 살
외손녀는 외할머니 집에 오면
꼭 사골국에 밥을 달라고 하는데

오늘 저녁으로
사골국을 준비하다 보니
외손녀가 눈앞에 아른거린다

아 보고 싶은 유민아
네가 보고 싶어 할아버지 마음은
오창으로 달려간다

어젯밤의 기대

간절하게
아주 간절하게
당신을 기다렸는데 만날 수 없었어요
나는
오늘은 기대하지 않았어요
오늘이 나에게 있으리라고 생각하지 않을 만큼
간절한 마음으로 밤을 보냈어요
내 의지와 상관없이 눈을 뜨고 보니
붉은 태양이 떠오르고 있네요
저 태양이 당신이면 좋았을 텐데 하며
또 기다림을 이어 갑니다
사랑하는 외손녀 유민 해민아
오늘은 안전하게 잘 지내는
네 모습 볼 수 있을까
지금 이 세상에서
가장 보고 싶고
사랑하는 사람은
너희란다

오늘 밤 자면

기다리고
또 기다려 봐도
오늘도 네 예쁜 모습
목소리 듣지 못하니 눈물이 난다

네 모습
사진첩 만들어 뇌리에 두고
꺼내어 보고 또 보아도
흡족하지 않은 허전함

무소식
희소식이라 생각은 하지만
그래도 확인하고 또 확인하고 싶은
네 사랑하는 마음은

오늘도
그리움에 보고파 불러보는
외손녀 유민 해민아
정말 보고 싶다 외할아버지가

오늘 밤
자고 나면 내일은 볼 수 있을까
이 밤을 잡고 물어본다

나 지금은 그래

지금 나는 그래
네가 정말 너무너무 보고 싶어
며칠 전부터

지금 난 그래
누구보다 네가 안전해 주기를
간절히 기도하고 있어

지금 난 그래
네 목소리 영상통화라도 하고 싶은데
그러지 못해 애가 탄다

이 애타는 마음은
너를 너무 사랑해서 그런가 봐
외할아버지가

보고 싶다 우리 유민이
오늘 밤도 잘 자라 할아버지는
조금만 더 그리워할게

* 시작 노트
어수선한 마음에
손녀 안부가 궁금할 때

윗집 아이들

이제 많이 자란 것 같다
시시때때로 우당 쾅 인사 잘 받았는데
쿵 쿵쿵 제법 큰 안부가 들린다
남자아이 셋이니 든든할 것 같다
아마 무탈하게 잘 놀고 자랐으니
아내와 단둘이 사는 우리에게
매일 전해주는 요란한 안부가 가끔
거슬릴 때 있으나 이해해야 할 몫이라
마음먹고 나니 문제는 되지 않는다
더불어 살아가는 공동체 아파트에
전해주는 안부는 가끔 절간 같은 집에
인적을 느끼게 하는 풍경 소리와 같이
벗이 되어주니 그 벗이 벗의 마음을
조금 더 자랄 때까지 기다려 주자
기다리는 동안 사랑받는 아이로
자라주면 이 또한 우리 부부가
이웃에 베풀 수 있는 배려이고
마음을 보태는 것이라
생각하면 좋을 것 같다

외증손녀의 재롱

오늘 증조 외할머니랑
외할아버지 할머니 아빠 엄마
삼촌 많은 동네 사람이 모였어요

증조 외할아버지가
웃고 계시는 이방을 찾아
인사하는 사람이 너무 많았는데

다 보셨나요
어른들이 하는 말 다 들으셨나요?
할아버지는 웃는데 모두 슬퍼해요

유민 해민이는
4살 2살이라 모르지만
외증조할아버지 웃으시니까 좋은데~

엄마가 할아버지께
율동해 드리면 더 좋아하신다고 해서
했는데 어떠세요

외증조할아버지
사랑해요, 이제 하늘나라에서는
아프지 마시고 다시 만나요

이렇게 좋을 수가

우리는
행복한 사람
붙임성 있는 손녀가 있어

안기고
손잡아주고
애교 부리는 모습

이 순간
난 너무 좋다
보고 또 봐도 좋다

세 살 외손녀 해민이

세 살
손녀의 어눌한 말이 춤을 춘다
얼굴 표정도 춤추고
엄마와 주고받는 미소와 말이
맛있어 보이고 사랑스럽다

식판에 남은 국물
양손에 들고 마시는 것이
저리도 행복할까
아, 아직 국물 남았어요
어린이집에서 이렇게 밥 먹었어요

하루 있었던 일
엄마에게 알려주는 기억력이
온몸에 활기를 불어넣고 들썩이는
그 기운을 받는 엄마도
좋아하는 맞장구

무남독녀 외동딸
그 딸이 낳은 외손녀
너희 바라보는 기쁨이 행복이다

외손녀가 왔다

2024년 7월
여름휴가를 맞이해 외손녀가 왔다
영상통화로 보던 아이들
할아버지 할머니 하며 품에 안긴 아이들
행복하고 푸근하다

무더운 여름이나
품의 온기로 전해지는 혈육임은
그 누구도 부인 못 한다
많이 자랐다 모든 것이 성장했다

뛰고 안고 담요에 썰매 태우고
수박에 아이스크림을 먹고 즐겁다
늦은 밤 할아버지 할머니와 자겠다고
함께 잠을 자주는 세 살 6살 손녀 너무 좋다

너희들이 있어 행복하고 사랑스럽다
사랑한다 재롱떨고 하는 모습에
굳었던 이마와 입가 주름이 펴지는 것 같다
내리사랑에 나를 맡기는 시간 잘 지내자

휴가가 끝나는 그 날까지
할아버지 할머니와 많은 추억 쌓으면서

사랑해 유민아

예쁘다
참 예쁘다
눈도 코도 입도 얼굴이
정말 예쁘다

예쁜 모습 바라보는
할아버지 마음이 춤을 춘다
너무 예쁜 우리 유민이
보니까

엄마 아빠
유치원 선생님 말씀 잘 듣는 유민이
동생이랑 재미있게 노는 유민이
그 모습 듣고 보는 할아버지

그 할아버지가
유민을 이만큼 사랑한다
유민이 지금 기분이 어때요
엄마 아빠 해민이 할아버지 할머니가

아주 많이
사랑한다고 하는데 어떻게 하지

외손녀와 4일 차

힘들고
피곤하지만
해야 할 일이 있어 좋다
외손녀와
4일 차 추억을 만들기 위해서 오늘은
조강 전망대에 다녀왔다

우리에게는
애기봉이란 이름이 익숙하나
2024년 조강전망대로 새로 개장했다
이름을 역사적
옛 지명을 되찾아 지었고
시설도 남녀노소 모두가 다녀오기 좋다

특히 북한이 불과 1.4km
떨어진 거리 한눈에 북녘을 볼 수 있고
국민적 관심을 가질만한 곳이다
오늘 아내 외손녀와 함께
의미 있는 답사를 하고 좋은 시간 보내는
즐거움을 가지니 너무도 행복했다

출생

아가야
티 없이 태어난 넌
이곳이 어디인지 알고 찾아 왔니
이곳에서 무엇을 해야 하는지
가르침을 받고 왔니
지금은 아무것 몰라도 된다

세상이
무엇인지도 모르고 태어났지만
걱정하지 않아도 된다
네게는 네 생명을 주고 열 달을 품어
교감하며 동행한 엄마가 있으니

아가야
크게 소리쳐 울면서
내 의사 표시를 확실하게 해라
너는 지금 그것이면 되고
네 엄마는 너를 위해 네 곁에 있으니
오늘은 축복을 누려라

나는 행복한 사람

예뻐하니 점점 더
예쁘게 자라주는 너희가 있어
너무 좋다 외할아버지는

유민 해민이
하루하루 새로운 모습 익혀가는
행동 언어 그 대견스러움에
행복이 느껍다

너희가 없었다면
내리사랑을 어찌 알고
기다림이 길다는 것 어찌 알았을까

너희 향한 해바라기
너희는 할아버지 마음을 아니
나도 너희 마음 모르나 궁금하다

외손녀와 이별

팔박구일
여행이 끝나고 이제 이별이다
세 살 여섯 살 외손녀와

육십 년
세대 차이 나나
말이 통해서 웃었는데
오늘은
딸 사위와 집으로 돌아가는 날
그 아쉬움 달래고 있다

머리도
빗겨 주고 안아주고
이것저것 묻고 답하고 했는데
유민아
엄마 아빠랑 집에 가니까 좋니
해민아 또 놀러 와 되뇌는 말

사랑한다
귀염둥이들
너희가 있어서 행복했는데

손녀가 보고플 때

자식을
낳고 길러 출가를 시켜서
떨어져 살아보니

그 자식이 낳은
외손녀들의 재롱이 눈앞에
아롱거림이 깊다

보고 또 봐도
행복한 웃음 짓는 꽃밭인 것을
할아버지 되고서 느끼게 된다

그 옛날
울 어매도 나를 장가보내
살림 내주고 그러했겠지!

돌이켜 생각하니
똑같은 자식 낳아 보면
안다는 그 말 참임을 알지만

효도할 길
태산이 내려앉아 먼 산 뫼만
바라보는 아픔이 크다

| 평설

매혹적 형상화와 서정적 감응(感應)

– 김찬해 시인, 그 삶의 울림과 정신풍경

엄창섭 (가톨릭관동대 명예교수, 「신문예」고문)

1. 감동의 느낌표와 자연의 회귀

모름지기 개념도 불투명한 이념 문제로 갈등과 대립으로 치달아 밝은 미래의 끝이 보이지 않는 암울한 시간대에서도 패배와 불안감을 씻어버리고 역풍을 가로질러 질주하는 '맑은 영혼의 소유자'로 삶의 동일화에서 개별성을 구축한 시집의 평설에서 따뜻한 일상의 안부를 또다시 묻고 싶다. 오랜 망설임 끝에 첫 시집『숲속의 울림을 풀다』(2024)를 출간하는 여림(余林) 김찬해 시인은, 경북 문경 태생으로 2019년 월간『신문예』신인상 시 부분으로 추천받고, 현재 다물민족운동본부의 지도위원이다. 특히 민족사에 남다른 열정과 관심을 지닌 그 자신은 영광과 수난이 점철된 민족사의 재조명을 통해 오늘의 국내외 정세에 대한 올바른 인식을 정립하여 그 자신의 책임과 역할을 자각

한 공감대의 형성에 열중하고 있음은 응당 지켜볼 바다.

일단 시집의 자서격(自序格)인 「시인의 말」에서 "기회가 닿아 울림을 듣는 독자가 제 생각과 다를 수 있으나 한 사람의 흔적을 통해 자신을 한 번이라도 돌아볼 수 있는 계기가 될 수 있다면 보람으로 여길 것이며 시집 출간에 도움 주신 분께 감사드린다."를 전제한 뒤 「1부 돌아보는 길, 2부 꿈을 꾸면서, 3부 외로움이 깊어지면, 4부 생각의 차이, 5부 행복으로 가는 길, 6부 따뜻함이 있는 배려, 7부 내려놓으면 탈이 없다, 8부 내리사랑」은, 또 각각 15편씩 총 120편을 결(結) 고운 옷감처럼 치밀한 짜 맞춤의 양상(樣相)이다.

그 같은 맥락에서 미국의 비평가이며 시인인 랜섬(John Crowe Ransom)이 "시는 자연미의 표현이며, 상상이라는 훌륭한 기능이 시의 작인(作因)임"을 지적하였듯 꿈의 시학이라 일컬어도 거부감이 없는 김찬해 시인의 정신적 결과물은 푸른 식물성 언어로 직조된 전율(戰慄) 같은 가슴 떨림에 맞물려 있다. 모처럼 소소한 삶의 일상에서 겪고 체득한 그 자신의 '육성과 느낌, 그리고 체취'에 의해 그 시편은 신선한 충동감의 반응이기에, 시적 형상화의 분할과 통합은 미적 주권의 틀 짜기로 '따뜻한 감성의 시인'으로 일컬음에 거부감은 주어지지 아니한다.

그렇다. '천상엔 별, 지상에는 꽃, 그리고 마음에는 시(詩)'라는 일관성은 그 자신의 시편에서도 빈도수 높게 사용되는 시적 질료로 흥미롭게 수용된 생산물이기에 시적 틀 짜기는 충직한 독자의 관심을 한층 더 자극하는 현상이다. 한편 평설의 모두(冒頭)에서 '세월은 강물처럼 덧없이 흘러가는 것이 아니라 의미와 가치로 채워가는 것'이기에 애써 「同種善根說」을 강조할 의중은 아니어도 김찬해 시인의 추천에 연(緣)을 맺어왔기에 그에 관한 관심은 지극할 밖에 없다. 차제에 '세월이 이 시점에서 물어본다.'라는 시 심리의 정황에서 "우리 친구이잖아. 쉽게 하는데//과연 그럴까/가슴에 손을 얹고 물어봐라/물질 위험 앞에서(내 잘못이다)"의 일례나 '그 노인은 내 나이에 새로움에 도전해 보겠다는 강한 열망을 불태웠음'도 그렇거니와 "아, 내 생각이 잘못되었나?/회초리를 맞은 것 같다는 생각에/다시 한번 내 자신을 돌아본다.(노인의 말 한마디)"라는 그 자신의 시적 변명은 못내 분별할 일이다.

이같이 그 자신의 정신적 결과물인 시적 형상화에서 내면 인식과 결부된 시적 응시의 변주에서 파생(派生)되는 시의 틀 짜기와 시편의 이론적 분할·통합은 합목적적이다. 따라서 일상의 삶에서 자유로운 바람의 영혼으로 시공을 관통하고 부대끼는 정감과 질료, 그리고 즉물적 현상을 촘촘한 시 의미의 그물망으로 낚아 올린 그간의 낡고 고루한 시각이나 막연한 전통성, 현실의 안주를 거부한 위대한 창조적 행위이다. 비록 '하굣길 신발을 꺼내려다 발판을 쓰러트려 생긴 상처'도 그렇거니와 "고의가 아님을 나도 알지만//내 몸에 상처//오십사 년/세월이 흘렀지만/희미한 흉터로 남아있지(문득 스치는 기억)"에서 짐짓 인간은 "날개가 있어서 나는 것이 아니라, 날고 싶은 우리의 욕망이 날개를 만들어낸다."라는 가스통 바슐라르(Gaston Louis Pierre Bachelard)의 지적은 가늠할 바다.

각론하고 존엄한 생명 외경심을 의식하고 유형적 인상과 합리성을 시적으로 형상화한 그 자신의 감동적인 시편은, 또 깊이 잠재된 삶의 무게와 색채를 낯익은 기억흔적에 담아낸 개아(個我)의 합리적 해법에 잇닿아 있다. 까닭에 '너는 너의 이름 풀꽃으로 난 나의 이름 여림(余林)으로 살아보자'라는 청유형 어미를 이처럼 동원해 "풀꽃 너와 나는/세상을 향해 있는 그대로를 내어주고/살아가려는 인생이다(풀꽃 인생)"의 일면은 감동을 일깨워주는 신선한 충격일 것이나 시적 상상력과 결속되어 다채롭게 빛나는 현상이다.

또 한편 황혼의 산책길을 만보(漫步)하며, 우리 삶의 다양성을 '때로는 세모 또 네모 동그라미 마른 모 사람마다 제각기 그 방법'에 구분 지으며 "조금은 평범하게/그러나 힘들게 사는 사람/그런가 하면 여유롭고 품격 있게 사는 사람/어찌 보면 이것은 각자의 그릇이다(세모 속에 동그라미)"도 그렇거니와 화자(話者)가 가끔 '人들은 추억을 왜 그리워하고 그 시절로 돌아가면 행복해할까?'라는 그 물음 앞에서 "짧은 순간에/또는 긴 시간 속에 만들어진/기억의 순간을//人들은/추억으로 기억하고/그것의 위로를 받고 꿈을 먹는다(의문의 답은)"라는 또 하나 삶의 일깨움이다.

2. 언어의 생명감과 동일화 양상

일단 본질적으로 견고한 고정체를 언어로 빚어내는 시 쓰기의 작업에서 인간의 내면 심리에는 자연을 거부하거나 자연과 대립하는 창조의 정신을 지닌 연유로, 자연을 모방하고 순응하는 모방 정신의 불가분 관계성을 유지함은 물론 이 같은 대립구조는 지극히 합리적이고도 상호보완적인 공존의 양상으로 자리매김한다. 또 한편 보편적으로 '공간은 사회적 산물이다.'라며 현대인의 존재론적 불안을 제시한 앙리 르페브르(Henri Lefebvre)의 지적은

'생성된 공간'의 개념이다.

까닭에 그 자신의 시편 〈이별 속에 기대를〉은 물론 가끔은 분망한 삶의 일상에서 '그 누구도 임의 속마음을 모를 거야 나는 그것을 알지요'를 가늠하며 생명의 역동성을 불러 모아 시적 다양성을 모색한 끝에 '병환의 부모님 모시는 것에 삶에 올인한 어느 임을 바라보는 시선'을 〈시작 노트〉에 담아낸 "이것이 임에게/주어진 삶이라고 하더라도/순리로 받아들이고 있는 삶에//힘들어도/소리 내어 울어보지 못하는 마음/그래도 힘내시오, 그날까지(그래도 힘을 내어야지요)"라는 사고가능성(思考可能性)의 측면에서 한 번쯤은 자신을 헤아릴 점이다.

특히 절망의 끝이 보이지 않는 삶의 현상에서 갈등과 대립에 잇닿은 언어의 공해의 심각성은 새삼 안타깝다. 이 같은 시간대에 아름다운 삶의 지혜를 일깨워주는 그 자신의 시적 작위(作爲)로 "말의 상처는 깊이를 가늠하지 못하니/반드시 진심 어린 말로서 용서받고 용서해서/치유해야 원한을 남기지 않는다./말은 극약도 되고 양약도 되는 것이기에/삼사일언 할 수 있도록 해라(말의 상처는 말로 치유해야 한다)"라는 잠언적 일깨움은 못내 시적 교감을 불러준다.

또 한편 정신작업의 종사자로서 자신의 존재감을 지켜내는 〈시인의 붓끝〉을 시적 이미지로 형사(形似)하여 '때로는 물보다 때로는 칼보다 강한 것은 마음이기 때문이다'라는 그 집념의 표출에 지극히 날(刃) 푸른 시 정신의 비장감이 묻어있다.

시인은/오감에 생각을 더해서/자식을 낳는다.//
보면서/들으면서 맡으면서/맛보며 느낌 담아내는 생각을//

모음과 자음에/공감 끌어내는 날개옷 입혀/세상에
태어나게 한다.//

-〈시인의 붓끝〉에서

저토록 '사랑의 꽃' 장미의 꽃말을 거론하지 않더라도 '화려하게 피었다가 지는 담장의 오월 장미'는 "너무 예뻐 잠시 시간을 내어 찰칵찰칵/사진을 찍으며 자기 미모를 돋보이게/하려고 노력한다./저 장미의 아름다움과 함께(사람의 마음 꽃의 마음)"의 보기도 그렇지만, 무엇보다 이채로운 정황은 또 다른 시편 〈저승길〉에 맞물린 사자(死者)를 눈물 속에 떠나보내는 비록 장례식장의 비통한 현장에서도 '잘살았나 보다 번개같이 소식을 듣고 가득 메운 장소, 기대 저버리지 않는 인연을 맞이하는 나는 너무 행복하다'라는 그 나름의 소회(所懷)는 "소주에 맥주/고기에 정갈한 음식 주거니 받거니/함께 하는 만찬이 인연의 정으로/볼 사람 다 보고 가니 좋다.(꿈꾸는 화려한 장례식)"의 보기처럼 지극히 인간적이고 그 존재감은 눈부심이다.

또 한편「5부 행복으로 가는 길」에 수록된 〈친구가 며느리 본다네!〉의 시편이나 〈칠월의 땀〉의 보기에서 그 자신의 남다른 타자 간의 관계 회복과 지극히 따뜻한 감성은 남다른 '신의 나라는 열매를 팔지 않는다'라는 탈무드적 삶의 일깨움이다.

풍요의 달/좋은 날 좋은 시간에
(2024. 09. 22. 12시 30분)/배순옥 친구
며느리 본다네!//
때가 되면/다 간다는 결혼이/옛말이 된 지금의 시대//

약사 아들에/며느리까지 보니/복 받은 친구 아닌가?//
벗님들/좋은 인연에 축하도 하고/우리 얼굴 또 봅시다.//

―〈친구가 며느리 본다네!〉에서

이렇게/화끈한가/칠월의 사랑열기//
친근한/애무 손길/온몸을 적셔 내니//
황홀함/지나갈수록/사랑 간이 딱 맞네!//

―〈칠월의 땀〉 전문

그렇다. '어떤 상황에서도 굴하지 않고서 참사랑 우정이란 마음의 꽃이 풍란꽃임'을 따뜻한 감성으로 일깨워주며 "겨울/차디찬 그 겨울에도/흙 이불 하나 덮지 않고 수석에 붙어/발 내놓고 인내의 삶 살다/봄 지나 삼복의 더위 찾아오면/달달한 사랑 전한다.(신념이 피었어요)"를 통해 새삼 확증되듯 이같이 시적 이미지를 선명하게 영혼의 울림으로 안겨주는 시적 감흥은 한층 더 경건한 분위기(情調)다.

특히 그 자신의 시집「제6부 따뜻함이 있는 배려」에 수록된 15편의 대다수 시편은 〈어둠의 배려〉를 포함해 시적 구조(構造) 면에서 대체로 호흡이 단조로운 분위기다. 그같은 일면에서 '아무리 내 마음이고 개성이지만, 여럿이 있는 카톡 방에서 차별하지 말라'는 그 자신의 경계는 진정한 인간관계 층위'는 항상 낮은 곳으로 흐르며 합수하는 물의 생리의 일깨움에 기인(起因)하기에 "숨기고 싶어도/숨기지 못함은 처신에 대한/문제는 없는지 돌아보라//여럿이 있는/카톡 방은 어울림이다/물처럼 섞여서 공감, 축하하고/나누어 공유하는 곳이니(물과 같아 섞여라)"를 통한 그 자신의 통섭(通涉)의 일깨움은 놀라운 역동성이다.

또 한편 "넓은 강/가로질러/맨발로 서 있는 당신//당신의/희생으로/혜택을 누려 살지만//이 땅의/사들은 알아라/빠른 만큼 잃음도 있다는 것(강가의 다리)"의 보기에서 나 또는 소중한 우리의 삶에서 특정한 누군가를 만난다는 것은 때로는 운명적이듯 삶의 일상에서 '감아 놓은 실타래를 풀어보는' 그 자신의 시적 형상화에 맞물린 "실타래는/처음과 끝을 분명하게 알고 풀어야지/잘못 선택하는 순간 꼬여서/낭패를 볼 수 있다./육십 넘게 살아오면서 감아놓은/나의 실타래(내 마음의 실타래)" 또한 유의미한 인연(因緣)의 매듭 풀기이며 '두레박에 걸어 퍼 올리는 그 기대감'의 맞물림에 해당함은 못내 읊조릴 일이다.

모름지기 비정한 후기산업화 사회에 처한 현대인의 피폐한 영혼을 정화 시키고 일상의 감동을 회복시켜주기 위하여, 다정한 이들과 삶의 공간에서 함께 숨 쉬며 오랜 날의 침묵을 깨고 그 자신이 체득한 삶의 재현(再現)인 대다수 시편은, 한 사람의 충직한 독자인 우리에게 갈등이나 거부감 없이 신선한 감동을 안겨주고 있다. 바로 그 같은 시적 동기는 마치 '밀리고 떠밀려 물가에서 쫓겨난 자잘하고 가녀린 풀꽃 같은 목숨'처럼 그 어느 시간대보다 소외된 타자들이 정의와 순수함이 변형되고 무너져 내린 이 시대의 현상이지만, 시대적 소임을 지닌 진정한 예언자적 시인임을 자처하지 않더라도 최소한 '풀꽃 향 풍겨내는 감미로운 삶을 살아가리라.'라는 끈질긴 집념 뒤의 언어에 대한 그물망은 매우 뜻깊다.

이 같은 정황에서 영국의 청교도 성직자 존 오언(John Owen)의 "시인의 소임은 시대적 상황에 경고하는 것이다."라는 그 인식의 깨어남에 충직하여 감동의 마침표 하나도 놓치지 않는 관념의 일탈에서 시학 교수인 랜섬(J. C. Ransom)의 "시는 자연미의 표현이며, 상상이라는 훌륭한 기능이 시의 작인(作因)이다."라는 역설은 매우 유의미하다. 한편 일탈의 정신을 축으로 한 예술적인 질감과 터치의 대비는 자연 회귀를 시각화한 행위로 탈진된 생명 외경의 소중함을 일깨워주는 당위성을 지닌다.

3. 서정성의 정신지리와 시적 해법

각론하고 가슴 따뜻한 공감과 아름다운 동행이 변질된 비정한 삶의 현장일지라도, '극소수의 창조자'는 생명적인 푸른 언어를 조탁하여 실상이 흐려 있는 내면의식을 지속적으로 정화 시켜야 하는 까닭에, 영혼의 안식을 위해 언어에 대한 통찰력을 지녀야 한다. 여기서 '시적 층위와 맑은 영혼의 파동(波動)'과 의미망을 확인하는 예언자인 시인과의 소중한 만남은 끝내 또 하나의 은총임에 틀림이 없다.

모름지기 비정한 후기산업사회에 몸담은 대다수 독자가 그의 시편에서 쉽게 발견할 수 있는 것은 의도적으로 사람(人間)을 빈도수 높게 동일화하여 '人'으로 사용한 의 일례도 그렇지만, 평자가 그 자신의 시편을 꼼꼼히 채근하는 과정에서 동일화 양상이랄까? 한층 세심한 언어의 분별력으로 감정을 절제한 것은, '삶의 초상(肖像)'에 해당하는 시편에서 '포장 없는 마음은 항상 떳떳한 편안함'이 주어지기에 "사람에게/가장 솔직한 순간은 혼자 있을 때다/혼자 있을 때의 마음으로/人을 만나/세상을 살아가면 탈이 없다(이중인격의 한계)"라는 마침내 그 자신의 술회(述懷)도 ' 부족한 듯 손길 닿지 않고 자유롭게 자란 풀꽃은 생명력이 강한 탓'에 "척박한 人의 발길/흔적 없는 깊은 계곡 비탈진 능선에/자리 잡고 피는 풀꽃//가장 많고 흔해서/천하고 천한 풀꽃 같지만/종족 번성이 왕성하여 장수한다(울타리 밖 잡초가 장수한다)"라는 그 합리적 해법(解法)은 삶을 통해 터득한 지극히 놀라운 체험적 생산물이다.

특히 시대적 소임을 담당하는 존귀한 품격을 지닌 그 자신은 어스름이 나리는 적막한 시간이면 어깨를 추스르며 삶의 처소로 돌아오는 '느림의 시학'인 치타 슬로우(Citta Slow)적인 일상에서 못내 '혈연(血緣)의 그 소중함에 의한 존재의 뿌리인 가정'을 골격의 맞물림, 즉 감정의 절제로 삶의 처소로 의식한 화자(話者) 자신이 안타까운 시대적 현상에서도 "가족 간/의 상하는 일로/삼 년을 원수로 사는 세상//은혜보다/잿밥에 눈이 먼/욕심이 먼저인 슬픈 세상~(슬픈 세상의 변화)"을 나직이 읊조리며 '타는 목마름 앞에서도 결코 소망의 끈을 놓지 않고 지나친 시적 기교(craft) 없이도 이처럼 존재감이 돋보이는 그만의 절대적인 믿음'은 또 한편 삶의 공간에서 접하는 하찮은 물상도 화가가 화필을 능란하게 다루듯 일체(一切)의 머뭇거림을 허락지 않기에 비록 덧없이 흘려보낸 시간도 의미와 가치로 채우려고 물음 앞에서 그 자신을 따뜻한 감성으로 켜켜이 버텨내는 존재감은 못내 차별성이 빛날 따름이다.

차제에 또 다른 시편 〈시작 노트〉에서 '어수선한 마음에 외손자 유민이의 안부가 궁금할 때의 심사(心事)'를 풀어낸 비록 푸념일지라도 "지금 난 그래/네 목소리 영상통화라도 하고 싶은데/그러지 못해 애가 탄다.(나 지금은 그래)"의 보기에서나 "안기고/손잡아주고/애교 부리는 모습//이 순간/난 너무 좋다/보고 또 봐도 좋다.(이렇게 좋을 수가)"의 보기도 그렇거니와 보폭(步幅)을 넓혀 내리사랑의 한계를 뛰어넘어 때로는 갈마들며 이같이 그 정취와 그 나름의 정감을 "너무 좋다 외할아버지는//유민 해민이/하루하루 새로운 모습 익혀가는/행동 언어 그 대견스러움에/행복이 느껍다(나는 행복한 사람)"에서 스스럼없이 읊어낸 시적 구도는 지나친 언희(言戱)를 거부한 담백한 시격(詩格)의 차별화이기에 시적 감흥을 자극하고 있다. 따라서 '나는 행복한 사람'이라는 시적 해명은 그 자신이 불꽃 튀는 삶을 살지는 않았을지라도 뒤늦은 투병 생활에서도 읊조린 삶의 지혜일 따름이다. 그렇다. 정신작업에 충직한 종사자라면, 미적 주권의 상실이 사회의 갈등구조를 얽어매는 심각한 언어공해의 인자(因子)를 끝내 경계할 일이다.

결론적으로 "물속에 놓여 있는 돌도 함부로 치우면 물의 울음소리가 달라진다."라는 「溟州歌」의 일깨움을 격앙된 어조나 날(刃) 푸른 예지로 역설치 않더라도 그 자신의 혈흔(血痕) 같은 시편을 통한 지연의 순리는 저토록 뜨거운 심장에 각인할 키워드(key word)다. 모쪼록 한국 현대시사(現代詩史)에서 '2%의 염분이 오염된 바다를 정화 시키듯, 극소수(極少數)의 창조자'로서 존재감 빛나는 정체성의 자리매김을 끊임없는 실험·도전정신으로 대응할 것을 거듭 기대한다.

김찬해 시집

숲속의 울림을 풀다

초판 인쇄   2024년 10월 29일
초판 발행   2024년 11월 5일

지 은 이   김찬해
펴 낸 곳   도서출판 책나라
등   록   110-91-10104호(2004.1.14)
주   소   ⓤ 03377 서울시 은평구 녹번로 3가길 14,
           라임하우스 1층 101호
전   화   (02)389-0146~7
팩   스   (02)289-0147
홈페이지   http://cafe.daum.net/sinmunye
이메일   E-mail / sinmunye@hanmail.net

값 15,000원

ⓒ 김찬해, 2024
ISBN 979-11-92271-36-1

* 이 책 내용의 전부 또는 일부를 재사용하려면
  저작권자와 도서출판 책나라 양측과 협의하여야 합니다.
* 저자와의 협의에 의하여 인지를 생략합니다.
* 파본은 구매 서점에서 교환하여 드립니다.